EXPLICANDO
Lo que la Biblia dice sobre el trabajo

DAVID PAWSON

ANCHOR RECORDINGS

Copyright ©2018 David Pawson

EXPLICANDO
Lo que la Biblia dice sobre el trabajo

EXPLAINING
What the Bible says about Work

El derecho de David Pawson a ser identificado como el autor de esta obra ha sido afirmado por él de acuerdo con la
Ley de Copyright, Diseños y Patentes de 1988.

Traducido por Alejandro Field

Esta traducción internacional español se publica por primera vez
en Gran Bretaña en 2018 por
Anchor Recordings Ltd
DPTT, Synegis House, 21 Crockhamwell Road,
Woodley, Reading RG5 3LE

Ninguna parte de esta publicación podrá ser reproducida o transmitida
de ninguna forma o por ningún medio, electrónico o mecánico,
incluyendo fotocopia, grabación o ningún sistema de almacenamiento
o recuperación de información, sin el permiso previo
por escrito del editor.

**Si desea más de las enseñanzas de David Pawson,
incluyendo DVD y CD, vaya a**
www.davidpawson.com

PARA DESCARGAS GRATUITAS
www.davidpawson.org

Si desea más información, envíe un e-mail a
info@davidpawsonministry.com

ISBN 978-1-911173-64-9

Este libro está basado en una charla. Al tener su origen en la palabra hablada, muchos lectores encontrarán que su estilo es algo diferente de mi estilo habitual de escritura. Es de esperar que esto no afecte la sustancia de la enseñanza bíblica que se encuentra aquí.

Como siempre, pido al lector que compare todo lo que digo o escribo con lo que está escrito en la Biblia y, si encuentra en cualquier punto un conflicto, que siempre confíe en la clara enseñanza de las escrituras.

David Pawson

EXPLICANDO
Lo que la Biblia dice sobre el trabajo

Raramente se piensa que pasamos algo así como el cincuenta por ciento de nuestra vida en el trabajo. Mientras estamos en actividad, dedicamos el sesenta por ciento del tiempo que estamos despiertos al trabajo. La tragedia es que una gran parte se desperdicia y es mantenido fuera del reino por las personas que trabajan, porque el cristianismo se ha convertido en una actividad del tiempo libre, algo que nunca fue la intención de Dios. Quiero hablarle acerca de la doctrina cristiana del trabajo, por impopular que sea. ¿Imagina usted que un mundo ideal sería un mundo sin trabajo? No es el ideal de Dios, en absoluto.

¿Cómo piensa que será el cielo? ¡Según muchos predicadores que he escuchado, al parecer será un culto de mañana del domingo eterno, donde cada coro se canta diecisiete millones de veces! Para ser sincero, si el cielo es así, ¡no lo anhelo para nada! Pero es así como muchos predicadores suponen que será, especialmente los líderes de canto. Ellos estarán en un servicio de tiempo completo.

Para muchos, aun los cristianos, el trabajo es un mal necesario y, si pudieran prescindir de él, lo harían. ¿Por qué piensa que son tan populares las loterías? Tenemos una lotería nacional en Inglaterra ahora. Se venden muchos boletos cada día, si bien las probabilidades de ganar son muy bajas, casi infinitésimas. ¿Por qué los compran? Porque esperan dejar de trabajar, y esa es la única oportunidad que la mayoría de las personas tendrá de hacerlo. Luego están los que anhelan una jubilación temprana, para poder hacer lo que quieran cuanto antes, pasando el resto de la vida así.

Hay dos actitudes extremas hacia el trabajo. Una, la llamo "la idolatría del trabajo", y la otra, "la inmoralidad del trabajo". La idolatría y la inmoralidad son los dos grandes desvíos del trabajo de Dios según aparece en la Biblia. La idolatría del trabajo es ser un adicto al trabajo, convertir al trabajo en la cosa más importante de su vida. Buscar la promoción, vivir para eso, hacer lo más posible en el trabajo. Esta clase de personas no anhela la jubilación. Por cierto, muchos se jubilan y se mueren al poco tiempo. Han vivido para su trabajo; es su ídolo. Pero ese es un extremo, lo reconozco. El otro extremo es más frecuente. ¿Cuál es la inmoralidad del lugar de trabajo? Muy simplemente, hacer la menor cantidad de trabajo posible por la mayor cantidad de dinero posible. Ese es, por lo general, los reclamos de los sindicatos en Inglaterra: "Hacemos huelga por menos horas de trabajo y más paga". Nuestro objetivo es reducir el trabajo y aumentar el dinero. Eso es, en realidad, inmoral. Pero a veces es practicado en el lugar de trabajo por algo que he aprendido a llamar "skiving". La palabra fue acuñada cuando yo era capellán en la Real Fuerza Aérea. Creo que significa aparentar que uno está trabajando, cuando no lo está haciendo. Es una actividad altamente cualificada. Uno parece estar corriendo de un lado en la oficina, parece estar muy ocupado, pero no así en absoluto. En realidad, solo está interesado en la remuneración. Cuando el jefe está mirando, uno trabaja como loco, pero cuando mira para otro lado puede relajarse y ponerse al día con sus amigos con el celular.

Hay, entonces, una idolatría del trabajo y una inmoralidad del trabajo. La mayoría de las personas están en algún punto intermedio. Pero un cristiano es bastante diferente en el trabajo. ¿Sabía usted que en mi país hay más enfermedad los lunes y viernes que cualquier otro día de la semana? La mayoría de las personas da parte de enfermo o dicen que se sienten mal los lunes y viernes, lo cual implica un fin de semana más largo. Las personas pueden usar su tiempo libre de forma tal que están en peores condiciones para trabajar. No se "recrean" para el trabajo, no han participado en una recreación. Han participado en un tiempo agotador en su tiempo libre y, por lo tanto, llegan tarde el lunes a la mañana. Estoy seguro que sabe a lo que me refiero. Pero me estoy dirigiendo a cristianos, ¡así que estoy hablando a personas que nunca hacen eso! ¿Cree usted que habrá trabajo en el cielo? Yo creo que sí.

En realidad, fuimos hechos para el trabajo. Dios nos puso en la tierra para el trabajo, y es aquí donde quiero empezar. Hemos sido influenciados profundamente por la cultura griega, tal vez sin darnos cuenta. Nuestro sistema educativo es básicamente griego. Nuestra arquitectura, hasta los días del acero, el hormigón armado y el vidrio, era mayormente griega. La mayoría de los edificios públicos hasta mediados del siglo XX parecían templos griegos, con columnas corintias y un yeso arriba. Los griegos vivían para el ocio. Toda su vida giraba alrededor del ocio. La ambición de todo hombre griego era ser un caballero del ocio. Resolvieron este problema haciendo que todo el trabajo manual fuera hecho por esclavos. La mayoría de sus esclavos, que eran dos tercios de la población, habían sido comprados. No traídos sino comprados de países extranjeros.

Tome Europa, por ejemplo. Gran parte del trabajo manual está siendo hecho por extranjeros. La ambición "griega" era hacer que otros realizaran el trabajo duro, para que uno pudiera ser una persona de ocio que pueda ir al teatro, pueda debatir en un foro, pueda ser un caballero de la cultura. La cultura era mayormente una actividad de ocio.

La era tecnológica está haciendo muchas cosas diferentes en este sentido. La revolución industrial favoreció a los hombres, más que a las mujeres. Necesitaba manos, manos fuertes, manos para las fábricas. La revolución tecnológica está favoreciendo a las mujeres. Ellas tienen dedos más elegantes para apretar botones pequeños en las máquinas. El hecho es que ha introducido muchos empleos para mujeres.

¿Deberían los cristianos trabajar si pueden evitarlo? Y, si trabajan, ¿cómo puede ese trabajo ser reclamado para el reino de Dios, de modo que no sea el concepto de: "yo sirvo al reino de Dios en mi tiempo libre"? He descubierto que todos los cursos de discipulado cristiano están basados en la suposición de que uno solo puede ser un cristiano en su tiempo libre. Ninguno menciona el trabajo. Habla de cómo orar, cómo evangelizar, como pasar tiempo con la Palabra, las cosas que debe hacer. Tiene que ver con la iglesia. Cuando uno recorre todas las cosas sobre el discipulado que tiene que hacer, necesita tener mucho tiempo libre, ¡porque es en ese tiempo que se hacen todas esas cosas!

Como dije antes, ha desperdiciado la mayor parte de su vida. Quiero que usted se dé cuenta de que su trabajo es la cosa más grande que puede hacer para el reino de los cielos, porque ocupa la mayor parte de su tiempo. Y puede ser parte del reino de Dios. La Biblia dice mucho acerca del trabajo, y muchas de esas cosas son incómodas. Dice a todos los cristianos que se ganen la vida. Ahora bien, eso no descarta recibir donaciones o herencias, pero nos dice que ganar dinero forma parte de ser cristiano. Francamente, significa recibir su dinero de quienes se benefician de su trabajo. Son ingresos legítimos.

Me preocupa la cantidad de jóvenes cuya ambición es vivir de familiares, y juntar dinero para que puedan ser misioneros o hacer algún trabajo de tiempo completo. He señalado en otra parte que Jesús, el Hijo de Dios, que fue llamado a ser el Salvador del mundo, dedicó dieciocho años trabajando primero para ganarse la vida con las manos. De paso, la Biblia nos dice que ésta es la forma de trabajo más saludable: trabajar con las manos más que con la cabeza. Si su trabajo diario no involucra las manos, entonces creo que debería encontrar una actividad de esparcimiento que lo haga, para equilibrar las cosas.

Las personas que trabajan con las manos son notorias por no necesitar psiquiatras. Piense en el jardinero que trabaja con las manos todo el tiempo, con las plantas. Es muy raro que tenga una crisis nerviosa. Todas las grandes personas de la Biblia se prepararon trabajando con las manos. Pablo, el más grande misionero que haya existido, fabricaba carpas y pasaba mucho tiempo cosiendo tela. Uno pensaría: ¡qué pérdida de tiempo para una persona como Pablo, con su intelecto, visión y energía! Lo hacía porque quería dar un ejemplo, de manera voluntaria, a sus conversos. Les dijo: "Trabajé entre ustedes con mis manos, para que pudieran tener un ejemplo a seguir".

Vamos a mirar el ejemplo bíblico del trabajo y lo que dice la Biblia. Mi enseñanza se dividirá en tres partes, llamadas "Creación", "Caída" y "Redención", porque esas son las tres fases de la mayoría de las doctrinas en la Biblia. La intención de Dios en la Creación, lo que ocurrió cuando la raza humana cayó en pecado, y cómo esto puede ser redimido a través de Cristo.

Así que comencemos al principio, con la Creación. Dios es un trabajador, un obrero manual; trabaja con las manos. Dios no tiene manos físicas, no tiene ojos, oídos, brazos, piernas o pies. La Biblia habla acerca de todas esas cosas. Incluso habla de sus entrañas. Pero no tiene ninguna de esas cosas. No es un ser físico; es Espíritu. Pero significa claramente que tiene funciones en su Espíritu que equivalen a las funciones en nuestro cuerpo. Tenemos ojos, y Dios puede ver. Tenemos una nariz con la que podemos oler, y dice que Dios huele.

Conozco un niño que estaba en la escuela, en una clase de biología, llorando. La maestra le preguntó: "¿Qué te pas?".

Contestó: "Dios me hizo todo mal. Mis pies huelen y mi nariz está corriendo". Cada atributo físico que usted tiene y usa, Dios tiene también. Usted está hecho a su imagen, aun físicamente. Las funciones de él están reflejadas en los órganos y los sentidos de usted. La Biblia es bastante coherente en lo que los eruditos llaman "antropomorfismo", una palabra horrible que significa que uno puede hablar de Dios como si estuviera en una forma humana, aunque debe recordar que no es así. Usted puede ver, y él puede ver. Usted puede oír, y él puede oír. Usted puede tocar, y él puede tocar. Usted tiene manos, y él tiene manos. Usted tiene brazos, y él tiene brazos, etc. Dado que las entrañas de usted son el asiento de su compasión según la fisiología hebrea, la Biblia llega a hablar de las "entrañas" de Dios.

Cada parte de nosotros se corresponde con una función de Dios. De esta forma asombrosa, cuando uno lee que él lo ha hecho a usted a su imagen, no descarte su cuerpo físico. También está hecho a su imagen. Dios aparece retratado como un trabajador. Por lo tanto, se tomó un día después de seis días de trabajo. Él existe aparte de su trabajo, y su trabajo no es su vida, aunque es una parte importante. La creación que nos rodea es llamada siempre en la Biblia la "obra de sus manos". Por eso Jesús vino y dijo: "Mi Padre aún hoy está trabajando, y yo también trabajo". Eso fue tan cierto acerca de sus dieciocho años como carpintero como de sus tres años en el ministerio público. Nos estaba dando una imagen de Dios.

Ese es el principio, en la creación. Dios puso al hombre en la tierra para llenarla con personas, para someterla para los propósitos de él y para cuidarla. "Adán era un jardinero / y Dios quien lo hizo ve / que todo buen jardinero / trabaja de rodillas bien", dice una vieja poesía. Su trabajo era el de jardinero. Por lo tanto, era algo adecuado para él, era bueno para él, era saludable, no era agotador.

Dicho sea de paso, el huerto del Edén ha sido descubierto. Uno puede ir ahora y verlo. Fue descubierto por un egiptólogo que no es cristiano. Es un hombre muy amable y encantador, y ha descubierto ahora por su cuenta que el Antiguo Testamento es histórica y geográficamente preciso. Su nombre es David Rohl, y ha producido dos libros de mesa de café, uno de los cuales se llama *A Test of Time*.[1] Ha hecho algunos descubrimientos asombrosos en Egipto. Descubrió la casa y la tumba de José, y una estatua de José en la tierra de Gosén. Es muy emocionante. Su trabajo estuvo en televisión, en la BBC, en una serie impresionante. Incluso encontró por qué hubo siete años de hambre después de siete años de abundancia. El hambre no se debió a la falta de agua, sino al exceso de agua. Las riberas del Nilo, que normalmente se inundaban una vez al año con sedimentos y humedad, estuvieron inundadas durante todo el año, y no pudo crecer ninguna cosecha durante siete años. Encontró las ruinas de enormes depósitos de granos cerca del Nilo superior donde se almacenaron todos los alimentos durante los siete años de abundancia. Encontró también un canal que va del Nilo a una gran depresión en el desierto de Sahara donde el agua era desviada del Nilo en los años buenos para proveer un reservorio de agua. Al día de hoy sigue siendo llamado por los árabes el "canal de José". Todo esto es apasionante. Luego, como egiptólogo, descubrió por primera vez el nombre de Israel en jeroglíficos de Egipto.

Ahora ha ido más atrás del tiempo de José, hasta el Edén mismo. Él creía que había suficientes detalles geográficos en Génesis 2 como para orientarlo, y encontró el huerto. Se lo describiré. Es un valle de unos ochenta kilómetros de largo, rodeado por montañas muy altas que lo encierran. Es un valle hermoso que cae hacia un lago que tiene unos ciento sesenta kilómetros de largo y tal vez unos treinta kilómetros de ancho. Lo que es muy apasionante es que es un valle que aún está lleno de árboles frutales, porque el clima en ese lugar es perfecto para el cultivo de árboles frutales.

Hay pasos en el valle que van a la tierra de Nod, en el este, que es exactamente donde dice Génesis que estaba. Los cuatro ríos que se mencionan encuentran sus fuentes cerca de este valle. Si quiere encontrarlo en el mapa, la segunda mayor ciudad de Irán se encuentra ahí, que se llama Tabriz. Si busca Tabriz en su atlas ha encontrado el huerto del Edén, y verá en un atlas físico la descripción exacta que le he dado, que es el lugar que coincide con Génesis 3.

Espero que esté tan entusiasmado como yo por esto, que un hombre que no es siquiera un creyente esté convencido de que cada palabra del Antiguo Testamento es históricamente exacta. No tiene ningún interés personal. No intenta probar nada. Es bastante diferente de un cristiano que tiene un motivo propio para encontrar confirmación de la verdad de la Biblia. Fue ahí donde Dios puso a Adán, y le dijo: "Ahora serás un jardinero, deberás labrar la tierra y deberás cuidar los árboles". La principal tarea sería podar, recoger frutos, lo que yo llamaría un trabajo agradable. Pero, apenas llegó la Caída, todo eso cambió.

A partir de este comienzo podemos deducir ciertas cosas muy claramente. Ante todo, en la Creación, que Dios llamó "buena" —y, cuando creó al hombre, "muy buena"—, había trabajo y, por cierto, un *deber* de trabajar. Dicho sea de paso, Adán no tenía un día de reposo. A menudo pensamos que lo tenía, porque se nos habla del descanso del día de reposo de Dios en los mismos capítulos que se nos habla de Adán. Pero a Adán nunca se le dijo que tuviera un descanso recreativo. Hasta donde sabemos, podría haber trabajado siete días a la semana. Abraham no tuvo un día de reposo. Ni Isaac. Ni Jacob. El descanso del día de reposo de un día a la semana fue introducido por Moisés. Por eso encontrará la ley del día de reposo bajo el pacto mosaico. Fue entonces que fue introducido, en un pacto que fue temporal hasta que vino Cristo. El descanso del día de reposo del Nuevo Testamento es bastante diferente de un día a la semana (lea Hebreos 4). Pero Adán, en su trabajo agradable, trabajaba (hasta donde sabemos) cada día. Y pasaba la tarde con Dios, sin duda hablando acerca del día, hablando de muchas cosas. Cuando el día comenzaba a refrescar era su momento con Dios y de su descanso. Sabemos que cada tarde tenía comunión con su Creador. Tenemos la descripción antropomórfica de Dios dando un paseo en el huerto cada tarde. La Biblia es muy real y con los pies en la tierra. La primera cosa que deducimos, entonces, es esta: el Edén no era un campamento de vacaciones. Era un lugar de trabajo para la jardinería. Adán era un arrendatario que debía trabajar para Dios en ese lugar y cuidarlo. Hoy es un valle mucho más ordinario. Aún tiene los árboles frutales, pero ahora tiene esa gran ciudad de Tabriz metida en el medio. Pero uno puede todavía salir de la ciudad rápidamente y ver el Edén casi como era. En realidad, no igual, porque faltan dos árboles: el Árbol de la Vida y el Árbol del Conocimiento. Aparte de esto, es bastante parecido a como era entonces.

La segunda deducción que quiero hacer tiene que ver con la *dignidad* del trabajo y, sobre todo, la dignidad del trabajo manual. Porque Adán trabajaba con las manos, no con la cabeza. El hombre fue hecho en la dignidad de su Creador, y trabajar con las manos no es algo para despreciar. Pero en la mayoría de las sociedades humanas los trabajadores manuales están en el fondo de la pila, y las personas quieren alejarse de esto para ir a un trabajo de cuello blanco, sentados en un escritorio, por alguna razón. Nunca desprecie el trabajo manual. Jesús estuvo dieciocho años haciéndolo. Pablo hacía carpas. El rey David era un pastor, donde aprendió a usar una honda y un cayado. El trabajo manual tiene dignidad, y no es el tipo de trabajo más bajo. Incluso tiendo a considerarlo como el más elevado, a los ojos de Dios, pero dejaré que usted decidas si está de acuerdo o no conmigo.

En tercer lugar, la intención del trabajo era que fuera un *deleite*. No algo duro y sofocante que causará tensión y estrés, sino algo que trajera realización, satisfacción. Cuando uno hace algo con las manos es muy satisfactorio. Me encanta hacer algo con las manos: construcción, carpintería. Lo que ocurre es que cuando ha hecho algo con las manos, con el placer de dar un paso atrás y decir: "Hice eso", solo es superado por el placer mayor de su esposa diciendo: "¡Qué esposo maravilloso que tengo! Puede hacer eso".

En nuestra última casa reconstruí, construí y anduve de un lado a otro, e hice esto y lo otro. La única desventaja es que cualquier cosa práctica que necesita hacerse, ¿a quién llaman? Como todo esposo, tengo una lista de cosas pendientes en la casa. Me temo que, cuanto más uno hace, más parece crecer la lista. Pero si uno es bueno con las manos será un buen esposo para alguien. Cada vez que hay una pérdida en alguna parte o algo se ha roto, la esposa puede volverse al esposo y decirle: "Arréglalo". Cuando lo ha arreglado, llega la satisfacción. Cuando realmente lo ha arreglado, porque si le cuesta arreglarlo, entonces es un suplicio.

El deber, la dignidad y el deleite del trabajo. Jesús vino para mostrarnos cómo es Dios. Por lo tanto, nos mostró un trabajo manual seis veces que duró seis veces más que servir al Señor directamente predicando y haciendo milagros.

Surgen dos cosas negativas de los hechos de la Creación. Una es que la pereza es un pecado en la Biblia. Ociosidad. El libro de Proverbios dice: "¡Anda, perezoso, fíjate en la hormiga! ¡Fíjate en lo que hace, y adquiere sabiduría!". Cuando uno estudia las hormigas, siempre están yendo de un lado a otro llevando cargas mucho más grandes que ellas. Son obreras, y trabajan sin tregua. Son cositas asombrosas. El libro de Proverbios está lleno de proverbios contra la pereza, sobre no trabajar, sobre la ociosidad. El daño que produce a la persona además de otros está subrayado claramente allí. No es un pecado que suele ser confesado en los confesionarios católicos romanos, pero es uno de los pecados mortales en la teología católica. Lo sacaron de la Biblia. La pereza es un pecado.

La segunda cosa negativa que saco de la creación es que el desempleo es un mal. Un cristiano debe combatirlo. Ahora bien, usted tal vez viva en una situación feliz en un país donde hay más trabajos que personas, y donde el desempleo es increíblemente bajo y puede encontrar un trabajo fácilmente. No es así en Europa. En los países europeos el desempleo está creciendo. Es un problema importante, y algunas personas pasan toda su vida desempleadas. Hasta podrían tener un título universitario en nuestro país, pero tienen dificultad para encontrar un trabajo. Es devastador. Cuando un hombre se levanta a la mañana y no tiene nada en lo cual trabajar, es demoledor.

Por lo tanto, a los cristianos le preocupan los desempleados. No se trata solo de entregar alimentos y dinero, sino de conseguir trabajos para las personas. El desempleo es un mal social. Por lo tanto, debe ser combatido por los cristianos. Agradezco a Dios porque tengo amigos que están en una posición para hacerlo, cuya contribución al Tercer Mundo no es entregar dinero y asistencia, sino crear trabajos para la gente, crear empleos. Uno de mis mejores amigos está poniendo a miles de personas en India a conducir taxis. Ellos trabajan y le van pagando de a poco, y terminan siendo dueños del taxi y con un negocio. Eso es lo mejor, creo, que puede hacerse para esas partes del mundo donde hay mucho desempleo.

Los cristianos lo están haciendo y están muy preocupados por proveer el trabajo que hace que un hombre sea un hombre. Note que estoy hablando de hombres. Estamos hechos de manera diferente. Dios hizo al varón y a la mujer. Una de las diferencias básicas entre los géneros es que el hombre vive para una meta. Tiene que tener algo por lo cual luchar. Tiene que levantarse a la mañana y sentir que hay algo que lo llama a ir más lejos. Un hombre vive para el futuro, para establecer algo, construir algo. Las mujeres son hechas de otra forma. Hago estas diferencias de manera relativa, porque hay algunas mujeres que tienen características de varón y algunos hombres que tienen características de mujer. El varón promedio vive para el futuro y para una meta. La mujer promedio vive para una necesidad. Dado que el mundo está tan lleno de necesidades, a una mujer le resulta más fácil suplir una necesidad, aunque más no sea poner la pava para el té. Esa es la reacción instintiva de una mujer ante una crisis. Va corriendo a poner la pava, todo lo que ayude a suplir una necesidad. Dado que hay tantas necesidades, una mujer, aunque no esté empleada para hacerlo, puede encontrar propósito en suplir las necesidades de otros. Pero un hombre que está sin trabajo se siente inútil, se siente no querido. Siente que la vida le está pasando por delante. Solo lo menciono porque el desempleo golpea a un hombre más que a una mujer por esa razón.

Pero es relativo, como son todas las diferencias entre géneros. La pereza es un pecado y el desempleo es un mal. La Biblia nos exhorta acerca de ambos. De hecho, en un momento Pablo enseña esto: "El que no quiera trabajar, que tampoco coma". Una vez me vino a ver un joven a las doce del mediodía, y se sentó conmigo. Era lo que yo llamo un "estudiante profesional". Apenas terminaba un curso se postulaba para otro, y luego otro. Ya había dedicado nueve años de su vida a estudiar a costa del contribuyente, y no sentía ninguna culpa. Nunca buscaba un trabajo. Iba a seguir así el mayor tiempo que pudiera. Era muy convincente.

Era entrevistado una y otra vez para cursos, y siempre lo aceptaban.

Dije que eran las doce del mediodía. Nuestra sala de estar y el comedor estaban en el mismo ambiente (en diferentes extremos), y la mesa estaba puesta para el almuerzo. Noté que sus ojos iban hacia la mesa constantemente. Lo mantuve hablando. Llegó la una, la una y media, las dos. Yo le seguía hablando, y él seguía mirando la mesa del almuerzo. Era una verdadera tortura. Finalmente, no pudo evitar decirme: "¿No estaba por almorzar?". Luego admitió que había llegado a las doce porque esperaba almorzar con nosotros. Le dije: "Bueno, lo lamento mucho. No puedo invitarte a almorzar porque la Biblia me lo prohíbe". Me miró completamente asombrado. Dijo: "¿Dónde?". Lo llevé a esa escritura: "El que no quiera trabajar, que tampoco coma". En ese momento se fue, de muy mal humor. Mi esposa y yo seguimos con nuestro almuerzo.

Unas semanas después sonó el timbre y el joven volvió a la misma hora. Dije: "¿Sí?". Me dijo: "Puede darme de almorzar hoy". Le pregunté: "¿Por qué?". Contestó: "Terminé mis estudios y he tomado un trabajo". Dije: "Puedes comer cada trozo de comida en la casa ahora. ¡Adelante!". Yo simplemente estaba aplicando la Palabra de Dios. Si, de una forma muy frontal, pero él necesitaba aprenderlo, y lo hizo. Ahora comenzaba a devolver todo el dinero que el país había gastado en su estudio de placer. ¿Había sido cruel o duro? No lo creo. La iglesia no debería andar con sutilezas con personas que no quieren trabajar. No dice: "El que no pueda trabajar, que tampoco coma". Si alguien no puede trabajar hay plena libertad para ayudarlo. Pero si "alguien no quiere trabajar", es una situación seria.

Ahora bien, en todo esto estoy hablando *antes* de la Caída. Pasemos entonces a esta segunda fase, y volvamos a mirar el trabajo. ¿Qué ocurrió con el trabajo cuando el hombre salió de la voluntad de Dios, cuando Adán desobedeció a Dios? Sabemos lo avergonzado que estuvo cuando Dios vino para la caminata de la tarde y él estaba escondido con su esposa detrás de los arbustos. Le preguntó: "Adán, ¿dónde estás?". Dios sabía perfectamente bien dónde estaba, pero quería que él confesara dónde estaba. Adán finalmente dijo: "Estamos aquí, entre los arbustos, porque estamos desnudos y avergonzados". Es interesante que ese fue el primer efecto de la Caída. Pero, ¿qué ocurrió con su trabajo? Lo sabemos de la Biblia. Es interesante cuando los sentimientos de Dios son tocados. Estoy usando una palabra antropomórfica aquí. Pero la Biblia está llena de los sentimientos de Dios. Quiero gritar al mundo: "¡Dios tiene sentimientos también!". Lo que yo siento acerca de Dios no importa realmente, pero lo que Dios siente acerca de mí importa muchísimo. ¿Alguna vez se preguntó, al final del día, ¿cómo se sintió Dios acerca del día de usted? ¿Estuvo él contento con su día? ¿Estuvo triste, apenado, enojado? Usted tiene que saber acerca de los sentimientos de Dios. Él tiene sentimientos. Somos hechos a su imagen y tenemos sentimientos. Por lo tanto, él también.

Los sentimientos de Dios se expresan en la Biblia en poesía. Sus pensamientos están expresados en prosa. Hay una buena pista para entender la Biblia. Cuando lea la Biblia, note cuando pasa de la prosa a la poesía. Espero que tenga una traducción de la Biblia que ponga las poesías en líneas cortas con espacios, y la prosa aparezca como un diario, columna a columna, porque entonces sabrá cuándo está leyendo acerca de los sentimientos de Dios. En los primeros capítulos de Génesis y la historia de Adán y Eva, Dios tiene sentimientos también. Adán también. Cuando Adán vio a Eva por primera vez dijo: "¡Vaya, esto es realmente bueno!", y se expresó inmediatamente en poesía.

¿Sabía que el setenta y cinco por ciento de todas las canciones escritas jamás han sido canciones de amor entre hombres y mujeres? Aun las canciones pop, en su gran mayoría son sobre el amor entre un chico y una chica. La primera vez que Adán cantó jamás fue cuando vio a Eva. Por lo tanto, a partir de esa canción usted puede juzgar que tiene sentimientos, ¿y quién podría culparlo por eso? Porque todo otro animal que Dios creó tenía una pareja, y ahora él tenía una pareja, y estaba feliz. Dios habló a Adán y Eva, y a la serpiente. Dicho sea de paso, la serpiente tenía patas hasta entonces, de modo que no era una serpiente sino algo más parecido a una lagartija.

Dicho sea de paso, nuevamente, no era una manzana. Era un fruto, y no sabemos qué clase de fruto era. Todos estos mitos se reúnen alrededor de la verdad, y entran las leyendas. Cuando cayó Adán, el castigo de Dios fue cambiar su trabajo. La poesía que describe lo que ocurrió con el trabajo es fascinante. Su trabajo se volvería mucho más duro. Ahora trabajaría con el sudor de su frente. Araría la tierra ahora. Pasó de jardinero a agricultor. No solo le resultaría mucho más duro, sino que estaría luchando con las malezas, contra los espinos y los abrojos. Si quiere ver los espinos y abrojos más grandes del mundo, vaya a Oriente Próximo. Vaya a Israel, y encontrará espinos de cinco a ocho centímetros de largo; son cosas terribles. Lo hace pensar cómo sería llevar una corona de espinos. Los cardos crecen hasta una altura de dos metros, y son muy gruesos. Cuesta mucho librarse de estas dos cosas del suelo, pero uno tendrá que librarse de ellos antes de poder ararlo y obtener algo para comer. Esta fue la maldición que Dios puso sobre el suelo como castigo por haber abandonado su voluntad. El castigo de Eva fue en sus relaciones, tanto con su esposo como con sus bebés.

El castigo de la serpiente fue perder las patas y arrastrarse por el suelo desde entonces. ¿Sabía que toda serpiente tiene patas? Yo no lo sabía. Conozco un hombre que tenía serpientes en su garaje como pasatiempo, lo último que haría yo. Tenía grandes serpientes que se movían por su garaje, y levantó una y la envolvió alrededor del cuello. Luego dijo: "Te mostraré algo". Alrededor de dos terceras partes a lo largo del cuerpo, abrió las escamas y allí, debajo de las escamas, había unas patitas arrugadas. No lo sabía yo. ¿Usted sí? La serpiente tiene patas, y la maldición de Dios sobre la serpiente fue decir: "Las perderás porque serás el enemigo de las mujeres de ahora en más".

En esta maldición estaba incluida la profecía de que un día la simiente de la mujer le aplastaría la cabeza, mientras que la serpiente mordería el talón de la mujer. Es la primera profecía que nos dice que Dios sabía desde el inicio cómo encararía esta situación. Pero, ¿qué ocurrió con el trabajo? Se volvió más difícil. Se volvió más sin sentido. Se convirtió en la identidad del hombre. Todas estas cosas aparecen en el trabajo hoy: es duro y a menudo no tiene sentido.

Fui a una fábrica de aviones que construía bombarderos V en Gran Bretaña durante la Guerra Fría. Había un hombre ahí que tenía una gran máquina frente a él con una palanca. Tomaba una pieza plana de aluminio, la ponía bajo la prensa, tiraba de la palanca, la levantaba y pasaba esta pieza de aluminio a otra persona. Yo estaba fascinado. Dije: "¿Es eso todo lo que usted hace, semana tras semana?". En ese tiempo no cambiaban a la gente de trabajo para mantenerlas interesadas. Había tenido este trabajo durante años. ¡Qué trabajo aburrido! Dije: "¿Qué parte cumple esa pieza de aluminio en el avión final?". Contestó: "No lo sé". Pude darme cuenta de que ni siquiera estaba interesado en lo que hacía. Era una de esas personas que tienen el tipo de trabajo que sirve para conseguir dinero, ya sea para sobrevivir y mantener a la familia o para gastarlo en el tiempo libre. Había perdido el propósito o el significado de lo que hacía durante el día. No era enteramente su culpa, pero por lo menos podría haber dicho: "Estoy haciendo parte de la cabina de un bombardero V", y haber tenido algún interés en lo que estaba haciendo. Pero lo había perdido todo, y realmente sentí pena por él.

El trabajo se ha vuelto duro, se ha vuelto sin sentido y se está convirtiendo en nuestra identidad. Si usted me pregunta qué soy, yo diría que soy un hijo de Dios y enseño para él. Pero la enseñanza no es mi identidad. Usted me la podría quitar y yo aún sé quién soy, por mi identidad básica. Si yo le pregunto lo que hace y me dice: "Soy un operador de computadoras", esa no es su identidad, no es lo que usted es. Pero en un mundo del trabajo se ha convertido en eso. Es nuestro valor para la sociedad que hagamos ese trabajo.

Si no tenemos cuidado, se ha convertido en nuestra identidad y nuestra satisfacción para nuestra personalidad. Esas son las personas que se derrumban inmediatamente cuando se jubilan, porque no saben quiénes son después de dejar de trabajar. Han sido un carnicero, un panadero, un fabricante de velas y ahora no lo son, y la vida ha perdido su identidad para ellos. Es aquí donde los cristianos tienen la ventaja siempre. Quiénes somos no es lo que *hacemos*. Está bien que trabajemos, pero no es nuestra identidad.

El cuarto resultado de la Caída es que el trabajo se ha vuelto, invariablemente, un fin fuera de sí mismo. No tiene valor en sí mismo. Tiene valor para otro propósito, valor para el ocio principalmente en nuestro mundo moderno. La mayoría de las personas ven la vida como algo que uno hace los fines de semana. Por eso ahora tenemos semanas de cinco días y ocio de dos días, aun cuando ninguno de esos sea para Dios. Hemos exigido más ocio. No fuimos hechos para una semana de cinco días.

Si usted vive en Israel hoy, trabajará seis días completos y tendrá un día libre. Ese es el día en que irá a la sinagoga, si es un judío religioso. El noventa por ciento de los judíos en Israel son judíos seculares, y no lo hacen, excepto una o dos veces al año. Pero todos siguen una semana de seis días, del Primer Ministro hasta abajo. Una semana de cinco días no es bíblica. ¿Deberían los cristianos hacer huelga por una semana de seis días? Solamente lo menciono, porque a la mayoría de los cristianos les parece ridículo, pero en realidad no lo es.

Tuvimos una gran campaña en Inglaterra llamada "Keep Sunday Special",[2] porque el descanso dominical estaba siendo socavado gradualmente por muchas otras actividades. Había deporte antes, pero cuando se convirtió en compras, y las tiendas abrieron el domingo, los cristianos se levantaron horrorizados y hubo una campaña nacional. Perdieron la campaña, y las tiendas abren los domingos. El domingo es, cada vez más, como cualquier otro día de la semana. Extrañamos el cambio y el descanso que trae el domingo. Puede reducir el tráfico, a menos que todos saquen el coche y vayan a la playa. El domingo ha cambiado radicalmente, pero eso pertenece al viejo pacto, así que no debería preocupar a los cristianos realmente. En el pico de esa campaña escribí maliciosamente un artículo para una revista nacional titulado "Keep Monday Special".[3] Ahí mostraba que el lunes debería ser un día especial para los cristianos. Le diré por qué en un instante. Principalmente, porque uno vuelve a trabajar. El lunes es el día más miserable en muchas vidas en Inglaterra. Aun los cristianos dicen: "Oh, empieza otra semana de trabajo". Sugerí a todos los que cantan "Aleluya" el domingo saluden el lunes a la mañana diciendo: "¡Aleluya, es el lunes a la mañana!". Siempre uso esa frase cuando llamo a alguien por teléfono el lunes a la mañana. Le digo: "Es lunes. ¡Aleluya!". Se preguntan qué me habrá pasado.

Ese artículo estropeó un poco la campaña "Keep Sunday Special", organizada por una organización cristiana llamada Jubilee Movement.[4] Pero lo decía en serio, porque el trabajo debe ser redimido, y quienes redimen el trabajo pueden gritar: "¡Aleluya, es la mañana del lunes!". Llegaré a eso en un instante. Resumiendo, la Caída ha dañado al trabajo desde entonces. Una de las señales de que la Caída nos ha afectado tanto es que nuestro trabajo ha cambiado y nos ha hecho vivir para el ocio. ¿Iría usted a trabajar si no le pagaran? ¡Ahí tiene una pregunta! Porque nos resulta tan irritante, nos pagan por hacerlo. Se nos da un incentivo económico para ir a trabajar. La suposición detrás es que si no le pagaran usted no iría a trabajar. Hay algo que está mal con el trabajo desde que cayó Adán.

Veamos cómo el trabajo puede ser redimido. En el nombre de Cristo podemos redimir nuestro trabajo y restaurarlo a lo que Dios quería que fuera, no importa qué trabajo hagamos. Quiero citar a Martín Lutero aquí. Él dijo: "Todo trabajo tiene el mismo valor para Dios". O, como me gusta decir a mí: "Dios está más interesado en cómo trabajas que en lo que haces". Me encuentro con cristianos que dicen: "Estoy orando por el trabajo que debo hacer. Estoy orando por un nuevo trabajo. Estoy orando para que Dios me guíe al trabajo que él quiere que haga". Ninguno me ha dicho jamás: "Estoy orando por la guía de Dios acerca de cómo hacer el trabajo que ya tengo".

Dios está más interesado en cómo uno trabaja que en el trabajo que hace. Lamentablemente, la iglesia ha graduado los trabajos a los ojos de los cristianos. Arriba de todo, el mejor trabajo de todos a los ojos de Dios es ser un misionero. Si uno es misionero, tendrá su fotografía en la revista de la iglesia o incluso a la entrada de la iglesia. Fui criado con esta escala de trabajos en la que el misionero está arriba de todo. Los pastores y evangelistas estaban firmemente en segundo lugar. Los médicos y enfermeras por lo general venían después, y las maestras de niños a continuación. Si no tenemos cuidado, crecemos con esta graduación del trabajo.

Muchos cristianos me dicen: "Estoy en un trabajo

secular". Les digo inmediatamente: "¿Es pecaminoso el trabajo?". Dicen: "¡Oh no!". Les digo: "Entonces, no es secular. No hay nada secular, excepto el pecado. Todo otro trabajo puede ser usado para el Señor". Ahora bien, si usted está en un trabajo que es ilegal o inmoral, entonces el deber como cristiano es salirse cuanto antes. Recuerdo vívidamente una señora que vino por primera vez a nuestra iglesia. Podría haber sido cualquier cosa. Dado que dejábamos por amabilidad las primeras filas para los visitantes, ella caminó resueltamente al frente de la iglesia para buscar un asiento. Caminó por el pasillo cómo si fuera un desfile de modelos. Todavía puedo ver su vívida ropa color turquesa; solo noté el color. Todas las señoras de la iglesia notaron todo lo demás de su vestido mientras caminaba como flotando por el pasillo hasta el frente para sentarse. Estaba vestida perfectamente. Creo que todos se preguntaban quién era. Era la primera vez que venía a la iglesia. Así que la saludé cuando terminó el culto. Vino varias semanas y luego hizo profesión de fe y se convirtió en una buena cristiana. Su nombre era Betty. Poco tiempo después, Betty vino y me preguntó: "¿Debería un cristiano estar en mi trabajo?". Nunca le pregunté qué era ella. Estaba más interesado en ella como una persona, en su identidad.

Ella dijo: "¿Debería un cristiano estar en mi trabajo?", lo que hizo que mi imaginación fuera en toda clase de direcciones. Me pregunté qué podría estar haciendo esta mujer espléndida. Me dio una respuesta sorprendente. Dijo: "Soy la dueña de una importante agencia de apuestas". Tenemos agencias de apuestas en Gran Bretaña, y ésta estaba en Aldershot, que es donde tiene su sede el ejército británico. Imagine tener una agencia de apuestas donde está el ejército británico cuando reciben la paga cada viernes a la noche. Iban directamente de recibir su paga a apostar, y ella tomaba todo su dinero. Ella dijo: "Es un negocio muy lucrativo. Me está yendo muy bien". Pero dijo: "¿Debería un cristiano ser dueño de una agencia de apuestas?". No dije que no. No dije que Ezequías 3:16 prohíbe a los cristianos que sean dueños de agencias de apuestas. He usado este "versículo" a menudo, pero ¡por supuesto que no está en la Biblia! Pero dije: "No, no le diré. Quiero que, el próximo viernes a la noche, lleve a Jesús con usted a la agencia y le muestre lo que hace. Luego, al final del día, pregúntele cómo se siente". Le pareció una solución algo sorprendente. Pero lo hizo. El siguiente viernes a la noche dijo: "Jesús, ven conmigo y quédate al lado mío en el mostrador, y dime cómo te sientes".

Ahí estaba ella, tomando todo el dinero, como con una pala. Luego le preguntó a Jesús cómo se sentía y no le gustó. Ella dijo: "Sabe, aun cuando entra mucho dinero, no podemos equilibrar las cuentas. Hemos intentado, pero algo está mal con las finanzas y no podemos hacer que cierren las cuentas para esta semana". Vino a la iglesia el domingo a la mañana y me dijo: "Voy a dejar la agencia". Le pregunté: "¿Qué hará?". Dijo: "Compraré una casa de té, un pequeño restaurante, porque siempre he querido hacer eso. Es lo que haré". Así que Betty está, al día de hoy, en Devon, el condado al sudoeste donde a todo el mundo le gusta los tés con crema, sirviendo tés con crema en una tienda de té.

A menudo he dado esta clase de consejos. Pienso en un joven que vino a verme y dijo: "¿Debería un cristiano ir al cine cada domingo a la tarde?". Le dije: "¿Por qué? ¿Lo haces tú?". Dijo: "Sí, voy a la iglesia el domingo a la mañana y voy al cine cada domingo a la tarde. Es mi hábito. Era mi hábito antes de convertirme en cristiano, pero sigo yendo al cine como siempre hacía". Dije: "¿Vas al cine no importa lo que pasen en la pantalla?". Dijo: "Sí, debo ir. Es mi recreación, mi actividad de ocio. ¿Debería hacerlo?". Le dije: "Lleva a Jesús la próxima tarde de domingo y fíjate si disfruta de la película".

La siguiente tarde del domingo fue al cine, a la boletería, puso el dinero sobre el mostrador y dijo a la muchacha: "Dos entradas, por favor", y estaba parado solo.

Ella dijo: "¿Vendrá tu novia?".

Él contestó: "No, está bien. Solo dame dos entradas".

"¿Vendrá un amigo contigo?".

"No", dijo, "no tengo un amigo conmigo. Por favor, te di el dinero, así que dame las dos entradas".

Ella entró en pánico. Pensó que estaba loco. Así que tomó el teléfono y pidió que viniera el gerente, que bajó y dijo: "¿Cuál es el problema?".

"El muchacho quiere dos entradas".

El gerente dijo: "Bueno, dale dos entradas. ¿Qué tiene de malo?".

Como ella le había preguntado para quién era la otra entrada, y él había dicho "Jesús", ella le dijo: "Quiere una para Jesús".

Ahora el gerente entró en pánico, y no sabía qué decir o hacer. Dijo: "Bueno, si está dispuesto a pagar, dáselos".

El muchacho entró en el cine y dijo: "Siéntate aquí, Jesús. Yo me sentaré aquí". La película apareció. No era muy buena y él salió de la sala después de diez minutos.

No tiene nada de malo ir al cine el domingo a la tarde, a menos que sea algo que Jesús no disfrutará. El joven aprendió eso, y nunca miró atrás. Es una forma muy sencilla. Ahora bien, si la Biblia hubiera dicho: "Los cristianos no deben ir al cine los domingos", lo habría citado. Pero la Biblia no lo dice.

En asuntos en los que la Biblia es clara, debemos vivir de acuerdo con la Palabra de Dios. En temas donde no es clara, y hay muchas cosas que no están claras en la Biblia (uno no encuentra la respuesta a cada problema), es ahí donde tenemos que "llevar a Jesús con nosotros". Cuando uno tiene más conocimientos acerca de las cosas, habla de llevar al Espíritu Santo con usted y preguntarle a él.

Volvamos a la redención del trabajo, a llevar a Jesús con usted al trabajo, a llevar al Espíritu Santo con usted al trabajo. Si ya ha sido llenado con el Espíritu, no puede hacer otra cosa, porque él está viviendo en usted y estará allí todo el tiempo. Entonces, ¿cómo redimen el trabajo los cristianos? Haciéndolo por las razones que nos dice la Biblia. Hay tres razones para ir a trabajar el lunes a la mañana y hacer que ese trabajo forme parte del reino de Dios. En primer lugar, muy práctico, uno va a trabajar para ganar dinero para mantenerse, mantener a los que dependen de usted y tener todavía suficiente para donar a los que son menos afortunados. Esta es la primera y clara razón para trabajar como cristiano para el reino. Está bien ganar dinero, ganar no solo lo suficiente como para mantenerse, sino para mantener a la familia y cualquier dependiente que tenga.

Igualmente, su ambición debería ser que sobre lo suficiente como para dar a los pobres. Esto se enseña en tantos lugares que lo puedo decir bastante dogmáticamente. No está bien que un cristiano mendigue. No es un llamado cristiano, a menos que sea absolutamente necesario. Esta es la razón por la que estoy bastante disconforme con algunos de nuestros movimientos misioneros juveniles que enseñan a jóvenes, jóvenes que están en buen estado físico, a pedir a amigos y familiares que los apoyen para ir a un curso de capacitación o para ser un misionero en alguna parte. Creo que está mal.

Cuando tuve la oportunidad de enseñar a algunos de ellos en un curso de discipulado, les dije algo de lo que estoy enseñando ahora. Dije: "Consigan un trabajo. Gánense el dinero. Están sanos de cuerpo y de mente. No tienen ninguna excusa para no ganarse el dinero propio". Cité un texto de Tesalonicenses que dice: "Para que… no tengan que depender de nadie". Creo que eso incluye, si sabe que va a jubilarse, hacer provisión para una jubilación. Así, lo que haya ganado durante su vida laboral será suficiente como para no depender de nadie cuando se haya jubilado.

Estos son temas muy prácticos. Algunos cristianos se han sentido culpables por acumular una pensión, pero esto es proveer para que no tenga que depender de nadie más. Usted puede dejar lo que quede de la pensión para otra persona (si es elegible) cuando usted muera. Pero creo que está bien tener esa ambición. No voy a mendigar de nadie jamás, si puedo evitarlo. Ahora bien, si las circunstancias cambian y usted no puede evitarlo, es un asunto diferente. Pero una persona físicamente sana tendría que cumplir con ese texto.

Cuando mi hija falleció, ella había hecho más por el reino en treinta y seis años que la mayoría de las personas en el doble de tiempo. Solo nos enteramos después que murió cuánto trabajo del reino había hecho por otras personas en su tarea diaria, como maestra. Ella había sido abandonada por su esposo, que era el líder juvenil, cuando su primer bebé solo tenía tres meses. Tenía que proveer para el bebé, para ella igual estaba apoyando a huérfanos en Haití, y apoyando a un misionero en Nueva Guinea, un piloto de aviación misionero. No sabíamos nada. Nunca nos pidió un solo centavo, y estaba dando a tantas personas.

Cuando encontré su Biblia, había un versículo subrayado con tinta: "Para que por su modo de vivir se ganen el respeto de los que no son creyentes, y no tengan que depender de nadie". Compartiré esto con usted. Pensé que era una persona maravillosa, pero me pregunté lo que pensaría el Señor acerca de ella. Mientras pensaba en lo que debería decir en su funeral, dije: "Señor, ¿cuál era tu opinión de mi hija? ¿Qué pensabas de ella?". Me dijo esto: "Ella fue uno de mis éxitos". Está escrito en su lápida: "Uno de los éxitos del Señor". Hablé sobre eso en el funeral, y dije: "¿Tendrá que decir el Señor de ustedes: 'Uno de mis fracasos'?".

Fue todo lo que me dijo, pero para mí fue suficiente para escribirlo en su lápida.

No tiene nada de malo ganarse la vida. Está perfecto. Sus dependientes incluyen a veces padres ancianos. Jesús dijo una de sus palabras más fuertes a personas que estaban dando dinero al templo mientras ignoraban a sus padres, y decían: "Esto es *corbán*, es para el Señor". Jesús se opuso firmemente a eso. Pablo fue igualmente severo cuando dijo: "El que no provee para los suyos, y sobre todo para los de su propia casa, ha negado la fe y es peor que un incrédulo". Son palabras fuertes.

Luego, para los pobres, Pablo dice en Efesios: "El que robaba, que no robe más, sino que trabaje honradamente con las manos para tener qué compartir con los necesitados". Ahí está, nuevamente. Todo eso es redimir el trabajo, es ganar para uno mismo, sus dependientes y los pobres. Ese es un motivo lo suficientemente grande como para ir a trabajar. La segunda razón para redimir el trabajo es que a través de él usted está sirviendo a otras personas. Si es una tarea necesaria, que suple las necesidades de otras personas, entonces es amar a su prójimo.

Por lo tanto, el lunes a la mañana usted podría decir: "Me voy a amar a mi prójimo", y ese es el trabajo del reino. "¡Aleluya, es el lunes a la mañana! ¡Voy a amar a mi prójimo!". ¿Alguna vez vio a su trabajo como amar a su prójimo? Es algo práctico, es suplir su necesidad, es *agape*. Es exactamente lo que el Señor dijo cuando nos dio el segundo mandamiento: "Ama al Señor tu Dios con todo tu corazón, con todo tu ser, con todas tus fuerzas y con toda tu mente, pero ama a tu prójimo como a ti mismo". Eso no significa que en su tiempo libre vaya a comer con un vecino que está enfermo. Se refiere a su trabajo diario. Si está supliendo una necesidad genuina, entonces trabajar con todo su corazón y alma y fuerza de lunes a viernes es amar a su prójimo, y ese es un motivo lo suficientemente grande como para ir a trabajar, y hacerlo con alegría. No hay ninguna jerarquía de servicio en el reino. No importa si usted es un taxista o un misionero. Dios prefiere un buen taxista a un mal misionero, me atrevo a decir. Está más interesado en cómo trabaja que en lo que usted hace.

Entendamos esto bien, y no convirtamos a los misioneros en el foco de todo nuestro interés y apoyo, e ignorar el hecho de que puede haber un miembro de su iglesia que es el único cristiano en la oficina o la fábrica donde trabaja. Están en el frente de batalla del reino, y merecen tanto apoyo y oración e interés del resto de la iglesia como el misionero que enviaron a África. Habiendo visitado a muchos misioneros en su trabajo, he descubierto que muchos de ellos están en una atmósfera mucho más cristiana que algunos de los miembros de la iglesia en casa, especialmente si trabajan en una escuela misionera o un hospital misionero, donde están rodeados de cristianos. Pero aquí en casa, algunos cristianos están solos.

Recuerdo una muchacha que vino a verme y me dijo: "¿No es maravilloso? Voy a cambiar de trabajo. Era la única cristiana en el trabajo y vi un aviso en una revista cristiana que pedía una secretaria cristiana. Me postulé y fui aceptada. Así que voy a cambiar de trabajo". Pensó que estaría entusiasmado, pero vio que se me mudó el semblante. Me dijo: "¿Qué pasa?".

Contesté: "Eras la única persona que podría presentar a Cristo en la oficina donde trabajabas, y ahora ellos han quedado excluidos. Te has ido. Peor aún. Me temo que tengo que decirte que trabajar con cristianos no es el cielo". No pasó mucho tiempo antes que lamentó haber cambiado de trabajo. Hay una pequeña poesía que dice: "Trabajar arriba con los santos que amo, será la gloria / Trabajar abajo con los santos que conozco, es otra historia". Los cristianos no son perfectos. Las compañías que están llenas de cristianos no son compañías perfectas para trabajar. Así que no caigamos en esa trampa.

Tengo un querido amigo en Australia que es conocido en todo ese país como un vendedor de coches usados honesto. Fue convertido a través de grabaciones de mis charlas, y es un gran santo de Dios. Vende un coche de segunda mano cada cincuenta segundos los martes y jueves. Está en un gran negocio. Tomó un hangar de avión con un techo de amianto, de lo que hablaré más adelante, donde puede meter 250 coches de segunda mano. Ahí está, dos días a la semana, vendiéndolos. Cuando se convirtió, anunció a los distribuidores que venían a comprarlos: "De ahora en más seré honesto y les diré la verdad acerca de cada coche que venda". Vino el primer coche y dijo: "Parece estar bien por afuera, pero yo no lo tocaría". Dijo: "El chasis ya no existe, y tiene óxido aquí". No le creyeron, así que lo compraron. Y se convirtió en un multimillonario porque lo recomendaban de toda Australia. Él será honesto con usted si le vende un coche.

Eso fue solo el principio. En un momento estaba en las calles de Brisbane rescatando a borrachos en su tiempo libre. Una revista cristiana nacional envió a un periodista a hacer un informe de este millonario que rescataba borrachos. Por supuesto, es una buena historia. El periodista llegó al hangar, se encontró con uno de los empleados, y preguntó: "¿Dónde puedo encontrarlo? Quiero verlo para hacerle una entrevista". El empleado le dijo dónde estaba su oficina, con las mayores palabrotas que uno podría imaginar.

Cada dos palabras era una blasfemia o una palabrota. El periodista subió a la oficina y dijo: "Estoy asombrado. Pensé que era una compañía cristiana, pero uno de sus empleados me llenó los oídos de las mayores palabrotas".

Mi amigo, el vendedor de coches, le dijo: "Ah, no, si alguien de mi personal se convierte en cristiano lo despido". El periodista estaba asombrado, y le preguntó por qué. Dijo:

"¿Cómo puedo ser un testigo cristiano en el trabajo si estoy rodeado de cristianos? Cuando uno de mis empleados se convierte en cristiano, le doy su preaviso y le encuentro trabajo en otro salón de ventas de coches, para que pueda ser un testigo del Señor Jesús".

Debo contarle algo más de este hombre, porque si alguna vez hubo un hombre usado para el reino, es él. Vendía coches para el reino. Una señora entró con un cochecito de bebé en uno de los galpones un día, con una niñita con una cabeza grande. Tenía hidrocefalia, agua en el cerebro. Había nacido así. Esta mujer dijo: "Escuché que usted es un cristiano. ¿Quisiera orar por mi niñita?". Puso sus manos sobre la niña y dijo: "Señor, nunca he hecho esto antes. No sé cómo hacerlo, pero creo que puedes sanar, así que ¿quieres sanar a esta niña?". He jugado con esa niña. Es perfectamente normal. Fue el resultado de esa oración.

Ahora lo llaman para sanar enfermedades que atacan a las aves de corral y a los viñedos. La peor cosa que pueda ocurrir a las gallinas es lo que se llama "enfermedad de aves de corral". Fue a una granja de aves de corral que era propiedad de un cristiano, donde tenían estas enfermedades. Cuando ocurre, uno tiene que destruir a todas las aves y limpiar el lugar. Es como la fiebre aftosa. Este hombre recorrió las jaulas de las aves de arriba abajo. Recién había sido descubierta la enfermedad. Exclamó en voz alta: "¡Jesús! ¡Esta es tu granja! Peste de las aves, te digo en el nombre de Jesús que salgas de esta granja. ¡Pertenece a Jesús!".

La mañana siguiente vinieron los oficiales para destruir las aves, pero estaban perfectamente sanas. Ha sanado huertos. He comido manzanas de huertos que ha sanado, y he comido uvas que son más grandes y más jugosas en viñedos que ha sanado. Ha distribuido millones de mis cintas y ha hecho muchas cosas buenas. No tiene una educación teológica, pero cree. Si alguna vez un hombre hizo su trabajo para su contribución para el reino de Dios en la tierra, fue él.

Una vez bajé del avión en Brisbane y se encontró conmigo. Tenía un coche bastante grande, y anduvimos varios kilómetros en este coche. Andaba a 45 kilómetros por hora en la ciudad. Tenía un motor grande. Andaba a 80 kilómetros por hora cuando salimos de la ciudad. No pude evitar notarlo. Dije: "Peter, tienes un coche especial. Podrías estar yendo a 130 o 145 kilómetros por hora fácilmente". Me contestó: "El límite de velocidad en Australia es 48 kilómetros por hora en la ciudad y 80 kilómetros por hora en carretera". Aun cuando estábamos a cientos de kilómetros del policía más cercano, ese coche grande solo iba a 80 kilómetros por hora, y no pude evitar comentarlo. Dijo: "Esas reglas fueron hechas para mi seguridad. ¿Cómo puedo pedir que los ángeles me cuiden si estoy infringiendo esas reglas?". No había respuesta para eso. Es un hombre cristiano muy común, pero es el hombre más extraordinario que he conocido en Australia. Es un gozo encontrarse con él. Eso es trabajo para el reino.

Una vez bajé del avión en Brisbane y entré en el coche con él, y le dije: "El Señor me ha estado hablando mientras volaba acá. ¿Has dejado de vender coches?". Contestó: "Sí, he dejado de hacerlo". Le pregunté: "¿Por qué?". Contestó: "Mi iglesia me ha dicho que debería entrar en un servicio cristiano de tiempo completo. Piensan que debería ser un evangelista". Dije: "¡Has perdido tu púlpito! Un vendedor de coches honesto en el escritorio de un subastador tiene uno de los mejores púlpitos del mundo. y lo has perdido". Dijo: "Es extraño, pero no he recibido ninguna invitación para evangelizar". Le dije: "¡Vuelve a vender coches!".

Es esa clase de persona. Me miró y dijo: "Está bien". Y volvió inmediatamente y continuó su trabajo poderoso para el Señor como un vendedor de autos usados. Eso es redimir el trabajo. No significa testificar todo el tiempo, especialmente no testificar a costa del tiempo de su empleador, porque él le ha pagado para hacer el trabajo, no para ser un evangelista. No está bien que uno use el tiempo de él para eso. Hágalo cuando estén tomando un café o en un descanso. No intente hacerlo mientras está trabajando. Usted está ocupado para su jefe, y eso está bien. Algunos cristianos piensan que solo tiene justificación para ir a trabajar si predican a otras personas ahí. Están equivocados. Hacer el trabajo con su mejor capacidad cuando el jefe no está mirando además de cuando está mirando es hacer trabajo para el reino.

La tercera cosa que quiero decir es que el trabajo es para glorificar al Señor, para que vean sus buenas obras y glorifiquen a su Padre que está en el cielo. Hay una forma de trabajar que glorifica a Dios. A veces podría costarle el trabajo, pero obtendrá el respeto de otros el hecho que usted no hará nada deshonesto, que no puede ser sobornado, que hace su trabajo fielmente, concienzudamente, honestamente, y aun se queda tarde para completar un trabajo que necesita ser hecho. Las personas que hacen su trabajo para su verdadero jefe, que no es el jefe terrenal sino el Señor Jesús, que han captado la visión de trabajar para el Señor en su trabajo diario, glorificarán al Señor. Tarde o temprano, la gente notará las cosas que no hacen además de las cosas que hacen. Si la honestidad es solo la mejor política, entonces no es honestidad. Somos honestos no porque nos conviene, no porque es la mejor política, sino porque ahora somos personas honestas y estamos sirviendo al Señor. Por lo tanto, seguimos siendo honestos.

Para concluir, ¿para quién estamos trabajando? Cristo. ¿Para qué trabajamos? El futuro. Cada día en el trabajo estoy escribiendo mi currículum, mi referencia para mi trabajo futuro. Porque cuando Jesús regrese no volverá para estar dos minutos y llevarnos rápidamente al cielo, ni volverá por treinta y tres años. Vendrá por mil años y gobernará el mundo, y nosotros gobernaremos el mundo con él. Por primera vez el mundo tendrá un gobierno cristiano, y no estamos listos para esto. Si no podemos gobernar la iglesia bien, ¿cómo podremos gobernar el mundo?

Creo que Jesús no viene para juzgar el mundo. Eso es algo que ocurrirá después. Vendrá, pero vendrá para gobernarlo durante un tiempo mucho más largo que cuando estuvo aquí la primera vez. Compartiremos el gobierno del mundo con él. Él necesitará muchos ayudantes para hacerlo. Nos estamos preparando para eso ahora. No nos estamos preparando para eso los domingos. Nos estamos preparando de lunes a viernes. Es en lo que él se está fijando. Él quiere poder decirnos: "¡Hiciste bien, siervo bueno y fiel! ¡Ven a compartir la felicidad de tu señor! Te pondré a cargo de diez ciudades". Es lo que dijo, literalmente. Podría haber alguien leyendo esto a quien pondrá a cargo de Singapur.

Hablé así en Inglaterra, y un hombre se me acercó después, muy entusiasmado. Dijo: "David, por primera vez puedo relacionar mi trabajo con el Señor". Había estado en un trabajo de tiempo completo, pero nunca se conectaba con el Señor en su mente. Dije: "¿Qué haces?". Contestó: "Estoy descontaminando los ríos de Inglaterra, porque se están volviendo muy tóxicos. Los peces están desapareciendo porque no pueden sobrevivir". Ha limpiado el río Támesis, en Londres, que años atrás era simplemente una gran cloaca.

Dijo: "Tengo salmones nadando por el Támesis nuevamente". Dijo: "Nunca pensé que eso tenía alguna relación con el Señor. Cuando el Señor vuelva necesitará a alguien que descontamine todos los ríos. Quiero ese trabajo. Ahora haré mi mejor esfuerzo para limpiar los ríos, porque quiero ese trabajo cuando él venga para gobernar". Por primera vez vio un propósito del reino en volver a trabajar el lunes a la mañana, y estaba muy entusiasmado.

De esto se trata. Estamos trabajando para el futuro. Somos la gente de mañana. Es para el futuro que vivimos. Estamos preparándonos para tomar el control del mundo cuando Jesús lo gobierne, para ayudarlo a hacerlo lo que Dios quería que fuera en el principio. Si su don es descontaminar ríos, él puede usarlo. El trabajo que recibiré cuando él esté dirigiendo todo está relacionado directamente con la forma en que haga mi trabajo ahora. ¿Se da cuenta de que cada día, de lunes a viernes, usted está escribiendo su referencia para su trabajo cuando vuelva Jesús?

No he dicho nada de las amas de casa, pero si usted es una de ellas, entonces también tiene un trabajo. La esposa de Billy Graham tenía un cartel sobre el fregadero de la cocina que decía: "Se realizan servicios divinos aquí tres veces al día". Lo había entendido. Ella ha fallecido ahora, pero entendió realmente el hecho de que su trabajo diario la estaba preparando para el reino venidero. Ya estamos en el reino como individuos, pero un día ese reino será manifestado en una escala mundial. Toda rodilla se doblará y toda lengua confesará que Jesús es Señor para la gloria de Dios el Padre. Tendrán que hacerlo. Cuando usted piensa que estará dirigiendo el mundo con Jesús, le da un nuevo propósito para su vida. Y más allá de eso, habrá un nuevo cielo y una nueva tierra, y un universo flamante para las personas que Dios ha hecho perfectas, y que no lo contaminarán.

No tengo ninguna duda de que habrá trabajo en ese nuevo cielo y nueva tierra. Volverá a ser un trabajo agradable. Será un trabajo gratificante y satisfactorio, pero será trabajo. El cielo no es un campamento de vacaciones ni un culto eterno. Habrá trabajo adecuado para usted, un trabajo que dependerá del trabajo que esté haciendo ahora. Ese es mi mensaje. Es así que podemos hacer que el trabajo que hacemos cada semana sea un trabajo para el reino de Dios. Usted puede aún servir el reino en su tiempo libre, pero la satisfacción de pasar la mayor parte de su vida trabajando para el reino, sea lo que haga, no tiene comparación.

De hecho, Jesús dijo que uno es un necio si solo trabaja para sí y trata de conseguir más negocios y desarrollarlos. Dijo: "¡Necio! Esta misma noche te van a reclamar la vida".

"Trabajen", dijo, "porque viene la noche cuando nadie puede trabajar". Trabajar no significa que todos se conviertan en predicadores o misioneros. Odiaría estar en un mundo donde todos son como yo y hacen el mismo trabajo. Una vez estaba hablando a cien médicos en una conferencia y dije: "Todos ustedes estarán sin trabajo en el cielo", y uno gritó en respuesta: "¡Tú también, David!". Eso me puso en mi lugar. Gracias por leer esto.

Notas
[1] En español, *Una prueba del tiempo*.
[2] En español, "Mantengamos el domingo especial".
[3] En español, "Mantengamos el lunes especial".
[4] En español, Movimiento del Jubileo.

ACERCA DE DAVID PAWSON

David es un orador y autor con una fidelidad intransigente a las Sagradas Escrituras, que trae claridad y un mensaje de urgencia a los cristianos para que descubran los tesoros ocultos en la Palabra de Dios.

Nació en Inglaterra en 1930, y comenzó su carrera con un título en Agricultura de la Universidad de Durham. Cuando Dios intervino y los llamó al ministerio, completó una maestría en Teología en la Universidad de Cambridge y sirvió como capellán en la Real Fuerza Aérea durante tres años. Pasó a pastorear varias iglesias, incluyendo Millmead Centre, en Guildford, que se convirtió en modelo para muchos líderes de iglesia del Reino Unido. En 1979 el Señor lo llevó a un ministerio internacional. Su actual ministerio itinerante está dirigido principalmente a líderes de iglesia. David y su esposa Enid viven actualmente en el condado de Hampshire, Inglaterra.

A lo largo de los años ha escrito una gran cantidad de libros, folletos y notas de lectura diarias. Sus extensas y muy accesibles reseñas de los libros de la Biblia han sido publicadas y grabadas en "*Unlocking the Bible*" (*Abramos la Biblia*). Se han distribuido millones de copias de sus enseñanzas en más de 120 países, proveyendo un sólido fundamento bíblico.

Es considerado como "el predicador occidental más influyente de China" a través de la transmisión de su exitosa serie "*Unlocking the Bible*" a cada provincia de China por Good TV. En el Reino Unido, las enseñanzas de David se transmiten habitualmente por Revelation TV.

Incontables creyentes de todo el mundo se han beneficiado también de su generosa decisión en 2011 de poner a disposición sin cargo su extensa biblioteca audiovisual de enseñanza en www.davidpawson.org. Hemos cargado también hace poco todos los videos de David a un canal dedicado en **www.youtube.com**

LA SERIE EXPLICANDO
VERDADES BIBLICAS EXPLICADAS SENCILLAMENTE

Si usted ha sido bendecido al leer, ver o escuchar este libro, hay más disponibles en la serie. Por favor regístrese y descargue más libritos visitando **www.explicandoverdadesbiblicas.com**

Otros libritos en la serie *Explicando* incluirán:
La historia asombrosa de Jesús
La unción y la llenura del Espíritu Santo
La resurrección: *El corazón del cristianismo*
El estudio de la Biblia
El bautismo del Nuevo Testamento
Cómo estudiar un libro de la Biblia: Judas
Los pasos fundamentales para llegar a ser un cristiano
Lo que la Biblia dice sobre el dinero
Lo que la Biblia dice sobre el trabajo
Gracia: *¿Favor inmerecido, fuerza irresistible o perdón incondicional?*
¿Eternamente seguros?
Tres textos que suelen tomarse fuera de contexto: *Explicando la verdad y exponiendo el error*
LaTrinidad
La verdad sobre la Navidad

Tambien nos encontramos en proceso de preparar y subir estos libritos que puedan ser comprados como copia impresa de:

www.amazon.co.uk o **www.thebookdepository.com**

ABRAMOS LA BIBLIA

Una reseña única del Antiguo y el Nuevo Testamento del internacionalmente aclamado orador y autor evangélico David Pawson. *Abramos la Biblia* abre la palabra de Dios de una forma fresca y poderosa. Pasando por alto los pequeños detalles de los estudios versículo por versículo, expone la historia épica de Dios y su pueblo en Israel. La cultura, el trasfondo histórico y las personas son presentados y aplicados al mundo moderno. Ocho volúmenes han sido reunidos en una guía compacta y fácil de usar que cubren el Antiguo y el Nuevo Testamento en una única edición gigante. El Antiguo Testamento: *Las instrucciones del fabricante* (Los cinco libros de la Ley), *Una tierra y un reino* (Josué, Jueces, Rut, 1-2 Samuel, 1-2 Reyes), *Poesías de adoración y sabiduría* (Salmos, Cantares, Proverbios, Eclesiastés), *Declinación y caída de un imperio* (Isaías, Jeremías y otros profetas), *La lucha por sobrevivir* (1-2 Crónicas y los profetas del exilio) – El Nuevo Testamento: *La bisagra de la historia* (Mateo, Marcos, Lucas, Juan y Hechos), *El decimotercer apóstol* (Pablo y sus cartas), *A la gloria por el sufrimiento* (Apocalipsis, Hebreos, las cartas de Santiago, Pedro y Judas).

JESÚS
LAS SIETE
MARAVILLAS
DE SU
HISTORIA

Este libro es el resultado de toda una vida de contar "la más grande historia jamás contada" por todo el mundo. David la volvió a narrar a varios cientos de jóvenes en Kansas City, EE.UU., que escucharon con un entusiasmo desinhibido, "twiteando" por Internet acerca de este "simpático caballero inglés" mientras hablaba.

Tomando la parte central del Credo de los Apóstoles como marco, David explica los hechos fundamentales acerca de Jesús en los que está basada la fe cristiana de una forma fresca y estimulante. Tanto los cristianos viejos como nuevos de beneficiarán de este llamado a "volver a los fundamentos", y encontrarán que se vuelven a enamorar de su Señor.

OTRAS ENSEÑANZAS
POR DAVID PAWSON

Para el listado más actualizado de los libros de David ir a: **www.davidpawsonbooks.com**

Para comprar las enseñanzas de David ir a: **www.davidpawson.com**

www.ingramcontent.com/pod-product-compliance
Lightning Source LLC
Chambersburg PA
CBHW071040080526
44587CB00015B/2710